AF369528

14 Juin 1899

V

VENTE

APRÈS DÉCÈS DE MADAME R...

Et par suite d'acceptation bénéficiaire

OBJETS D'ART

ET D'AMEUBLEMENT

Des XVIᵉ, XVIIᵉ et XVIIIᵉ siècles

PORCELAINES, FAIENCES ANCIENNES

Bronzes d'Art et d'Ameublement

MEUBLES EN BOIS SCULPTÉ ET EN MARQUETERIE

Salon Louis XVI en bois doré, Tapisseries, Broderies

TABLEAUX ANCIENS

HOTEL DROUOT — SALLE N° 6

Le Mercredi 14 Juin 1899, à 2 heures

EXPOSITION PUBLIQUE

Le Mardi 13 Juin 1899, de 1 heure 1/2 à 5 heures 1/2

COMMISSAIRES-PRISEURS

Mᵉ PECQUET | Mᵉ COUTANCEAU
Rue Choron, 10 | Rue Sainte-Anne, 7

EXPERT : **M. B. LASQUIN**, rue Laffitte, 12

PARIS — 1899

IMPRIMERIE MAULDE et RENOU.

MAULDE, DOUMENC & Cie

IMPRIMEURS DE LA COMPAGNIE DES COMMISSAIRES-PRISEURS

Rue de Rivoli, 144. — Paris

CATALOGUE

DES

OBJETS D'ART

ET D'AMEUBLEMENT

Des XVIe, XVIIe et XVIIIe siècles

PORCELAINES ET FAÏENCES ANCIENNES DE SAXE
SÈVRES, DELFT, ROUEN, MOUSTIERS, ETC.
BRONZES D'ART ET D'AMEUBLEMENT
MEUBLES RENAISSANCE EN BOIS SCULPTÉ, LIT HENRI II
CRÉDENCES, TABLES LOUIS XIII
MEUBLES DU XVIIIe SIÈCLE EN MARQUETERIE
SIÈGES ANCIENS
BERGÈRES, MEUBLE DE SALON LOUIS XIV ET LOUIS XV
ÉCRANS EN TAPISSERIE, BRODERIES

TABLEAUX ANCIENS

Meubles et Objets divers

DONT LA VENTE AURA LIEU

APRÈS DÉCÈS DE MADAME R...

Par suite d'acceptation bénéficiaire

HOTEL DROUOT — SALLE N° 6

Le Mercredi 14 Juin 1899, à 2 heures

COMMISSAIRES-PRISEURS

Me PECQUET	Me COUTANCEAU
Rue Choron, 10	Rue Sainte-Anne, 7

Assistés de **M. B. LASQUIN**, Expert, rue Laffitte, 12

CHEZ LESQUELS SE TROUVE LE PRÉSENT CATALOGUE

EXPOSITION PUBLIQUE

Le Mardi 13 Juin 1899, de 1 heure 1/2 à 5 heures 1/2

CONDITIONS DE LA VENTE

La vente sera faite au comptant.

Les Acquéreurs paieront CINQ POUR CENT en sus des adjudications.

L'Exposition publique mettant le public à même de se rendre compte de l'état des objets, il ne sera admis aucune réclamation une fois l'adjudication prononcée.

Les lots pourront être divisés ou réunis.

MAULDE, DOUMENC et Cie, imprimeurs de la Cie des Commissaires-Priseurs, rue de Rivoli, 144.   600—82100

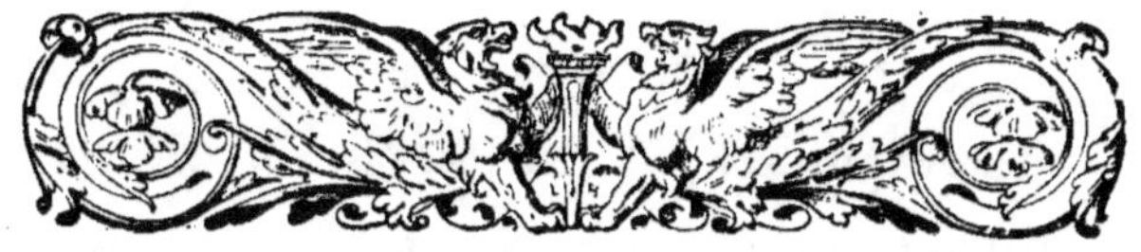

DÉSIGNATION

Vente par suite du décès de Madame R...

TABLEAUX

1 — **Van Balen** et **Breughel.** L'Enfance de Bacchus.

2 — **Van Balen** et **Breughel.** Le Repas des Dieux. Deux pendants.

3 — **Bassan.** Les Quatre Saisons. Peintures sur cuivre.

4 — **Franck** (École des). L'Œuvre de Miséricorde.

5 — **Norbert Goeneutte.** Le Bain. Pastel.

6 — **Holbein** (École de). Portrait de Thomas Morus.

7 — **Horemans.** La Visite du médecin.

8 — **Lancret** (Attribué à). Réunion galante. Cadre ancien en bois sculpté.

9 — **Largillière** (Attribué à). Portrait de femme forme ovale. Cadre ancien.

10 — **Pater** (Attribué à). La Danse dans le Parc.

11 — **Wouwerman** (Pierre). Reconnaissance de cavalerie sur les bords du Rhin.

12 — **École flamande.** Pastorale.

13 — **École flamande** (XVIᵉ siècle). Construction d'une ville.

14 — Deux Feuilles d'éventails peintes à la gouache, de l'époque Régence : *Moïse sauvé des eaux* et le *Jugement de Salomon*.

PORCELAINES, FAIENCES

15 — Deux Flambeaux formés de groupes : Nymphe et Amour et figure de Mars, en porcelaine de Chelsea.

16 — Cabaret en ancienne porcelaine de Saxe. Décor de figures pastorales en couleurs et de fleurs avec rehauts de dorure. Il est composé de six tasses avec soucoupes, deux cafetières, un sucrier, une théière, un bol.

17 — Flacon à thé en vieux Saxe décoré de sujets genre Watteau.

18 — Deux Assiettes creuses en porcelaine de Sèvres, à filets bleus, fleurs et rehauts d'or.

19 — Deux Assiettes en porcelaine tendre, décorée genre Sèvres.

20 — Sept Assiettes en vieux Japon, décor bleu.

21 — Deux grands Vases en porcelaine de Canton, montés en lampes.

22 — Deux grands Vases balustres, en porcelaine de Chine jaune, montés en lampes.

23 — Quatre Soucoupes de la Compagnie des Indes.

24 — Trois Cendriers, à décor de figures.

25 — Quatre Tasses et Soucoupes en vieux Chine, à fleurs et figures.

26 — Quatre Assiettes en vieux Chine, décor à sujets mythologiques.

27 — Deux Assiettes vieux Chine, émaux roses.

28 — Deux Saladiers carrés en ancienne faïence de Delft dorée, à sujet pastoral, oiseau et branches de fleurs.

29 — Trois Corbeilles en ancienne faïence de Marseille.

30 — Soupière contournée, en faïence de Castelli.

31 — Deux Compotiers en faïence de Marseille, à sujets de figures et branches de fleurs.

32 — Une Assiette Moustiers, à guirlandes et médaillon à figures.

33 — Une autre Assiette de décor analogue; au centre, le sujet de Daphné.

34 — Deux Assiettes de Moustiers, décor en vert et jaune.

35 — Six Assiettes en Moustiers, décor polychrome.

36-39 — Huit Assiettes faïence ancienne, de diverses fabriques et de décors variés.

40-46 — Quatorze Plats en faïence de Delft, décors variés en bleu.

47 -- Grand Plat en porcelaine de Tournay, bordure gaufrée.

48 — Grand Plat en Moustiers, décor bleu.

49-50 — Deux Plats ovales, un Plat rond et un Bassin ovale, en ancienne faïence de Moustiers à décor de fleurs.

51-52 — Plat rond et Plat ovale en Moustiers, décor à grotesques.

53 — Grand Plat rond, décor polychrome de style rouennais, à écusson armorié au centre.

54 — Deux Jardinières oblongues en faïence de Rouen, décor bleu à fleurs et quatre Plateaux de même faïence.

55 — Moutardier en faïence, décor polychrome.

56 — Soupière en ancienne terre de pipe.

BRODERIES ET TAPISSERIES

57 — Panneau carré en broderie gothique à deux figures.

58-62 — Petits Panneaux en broderie d'or et de soie de diverses époques, deux Morceaux, un Col et un Cadre.

63 — Feuille d'Écran en tapisserie au point rehaussé d'or à figures chinoises.

64 — Quatre Vases en passementerie ancienne en soie de couleurs.

65 — Fragment de tapisserie au point de l'époque Henri II, très finement exécuté.

BRONZES

66 — Pendule Louis XVI en bronze doré, la Vérité et un Amour soutenant le portrait de Henri IV. Socle en marbre blanc.

67 — Deux Candélabres à deux lumières soutenues par des figurines d'enfants debout sur socle en marbre blanc.

68 — Deux Flambeaux Empire en bronze garni d'émaux.

69 — Statuette du Tasse assis, en bronze.

70 — Deux Statuetres de Baigneuses, en bronze.

71 — Deux petits Flambeaux à figures d'amours en bronze doré, sur socle en serpentin et porphyre.

72 — Socle en marbre supporté par deux négrillons en bronze adossés, debout sur une base à moulures.

73 — Groupe de chevaux de Marly, en bronze.

74 — Joueur de vieille, un petit Brûle-Parfum Empire et une petite Table en bronze.

75 — Lustre Empire.

SIÈGES

76 — Meuble de salon Louis XVI, en bois sculpté et doré à feuilles d'acanthe garni de lampas fond rouge. Il est composé d'un canapé et de six fauteuils à dossiers carrés, plus deux coussins.

77 — Six Fauteuils Louis XVI, de modèle analogue et de même garniture.

78 — Belle Bergère Louis XV en bois sculpté peint en vert rehaussé d'or, garni d'ancien brocart Louis XV à ornements d'or sur fond rose.

79 — Grande Bergère de style Louis XVI, riche modèle en bois sculpté et doré, à feuillages, couronne, carquois, garniture à coussins en soie rose.

80 — Banquette de style Louis XIV, en bois doré garni d'ancienne tapisserie de la Savonnerie.

81 — Canapé Louis XV en bois sculpté garni de brocatelle fond jaune.

82 — Deux Fauteuils cannés Louis XIV, d'ornementation variée.

83 — Douze Chaises Louis XV garnies de damas vert.

84 — Quatre Fauteuils et trois Chaises, style Henri II, à dossiers à balustres en noyer.

85 — Deux Chaises Louis XIV en bois sculpté, garnies de tapisserie au point de l'époque.

86 — Quatre Chaises, style Régence, en bois doré.

87 — Un Canapé, deux Fauteuils et quatre Chaises en chêne sculpté.

MEUBLES

88 — Commode Régence à trois rangs de tiroirs, en bois de placage, richement ornée de bronzes. Dessus de marbre rouge.

89 — Bureau Louis XVI à cylindre en acajou à pieds fuselés et rangs de perles.

90 — Grand Meuble Louis XV à deux corps, en bois de placage orné de bronze. Le bas, en forme de commode, à trois rangs de tiroirs, celui du milieu formant bureau ; le haut, à deux portes en marqueterie à attributs et vase de fleurs flanqués de huit petits tiroirs de chaque côté.

91 — Grande Commode Louis XVI, à trois rangs de tiroirs en marqueterie à encadrements à filets et grecques, garnie de bronzes. Dessus de marbre brocatelle.

92-93 — Deux Toilettes anglaises Louis XVI, en bois marqueté.

94 — Petit Chiffonnier de style Louis XVI, en bois de rose garni de bronzes.

95 — Petit Chiffonnier ancien, en bois de rose.

96 — Console Louis XVI, en bois redoré, à guirlandes, rosaces et vase ; dessus de marbre.

97 — Petite Commode Louis XVI, à trois tiroirs, garnie de bronzes.

98 — Table de nuit en acajou, garnie de bronzes.

99 — Petite Table style Louis XVI, ovale, en bois de rose, garnie de bronzes.

100 — Lit Henri II, à colonnes et baldaquin, en noyer sculpté, chevet avec frise de rinceaux et syrènes.

101 — Crédence Renaissance restaurée, en bois sculpté, à cariatides, godrons et ornements.

102 — Grand Meuble Louis XIII, à deux corps ouvrant à quatre portes et deux tiroirs, composé de panneaux d'ornements avec figures d'amours et de frises de rinceaux anciens.

103 — Vaissellier en bois sculpté, à rinceaux et feuillages.

104 — Coffre gothique, offrant cinq panneaux à ogives sur le devant; chêne sculpté.

105 — Crédence-étagère italienne, en bois sculpté.

106 — Crédence gothique composée d'éléments anciens sculptés à ogives.

107 — Petite Table Louis XIII, à pieds balustres en noyer.

108 — Cabinet Louis XIII, en bois noir, garni de broderies d'or et de soie en relief à sujets d'animaux dans des paysages.

109 — Petit Cabinet carré, en laque incrusté de burgau; tiroirs à l'intérieur.

110 — Grande Commode italienne, en bois noir, incrustée d'ivoire.

111 — Écran de style Louis XIV, en bois sculpté, avec feuille en tapisserie au point à fleurs et animaux.

112 — Bois d'Écran Louis XV, en bois sculpté et doré à ornements rocailles.

113 — Écran en tapisserie au point à sujet : *La Clémence d'Alexandre-le-Grand*. Monture Louis XVI, en acajou.

114-115 — Deux Écrans en tapisserie Louis XIV, au point, montures en acajou.

116 — Bel Écran Louis XIV, à double face, en bois sculpté et doré, avec feuille en tapisserie au point à sujet mythologique et revers en brocart à fond vert de l'époque Louis XIV.

117 — Guéridon à dessus en tapisserie Louis XIV, forme octogone, pied en palissandre.

118 — Table tric-trac Louis XVI, en marqueterie.

119 — Beau Cadre de dessus de porte du temps de la Régence, en bois sculpté et doré, avec peinture d'après COYPEL : *La Toilette de l'Amour*.

120 — Deux Meubles d'entre-deux vitrés, en bois noir, ornés de bronzes dorés.

121 — Table, genre Boulle, en marqueterie de cuivre et d'écaille garnie de bronze.

122 — Grande Table de salle à manger en acajou.

123 — Grand Tapis en moquette.

124 — Meubles divers.

125 — Objets non catalogués.

VENTE VOLONTAIRE

Objets appartenant à Mademoiselle X...

126 — Belle Tapisserie d'Aubusson du xviiie siècle, représentant un paysage planté de grands arbres avec

manoir au bord d'une rivière ; au premier plan, un berger et deux vaches sur le bord du cours d'eau, plus loin, deux hommes dans une barque. Bordure d'ornements.

127 — Table ronde, genre Louis XIII, en bois sculpté à pieds cariatides.

128 — Cheminée monumentale en chêne sculpté, le bas à montants formés de lions assis, le haut à colonnettes, surmonté d'un fronton. Style Henri II.

129 — Cabinet italien en forme de temple à colonnettes en albâtre et orné de plaquettes de marbre et surmonté de figurines en bronze doré. Le fronton renferme une horloge, support table de même style.

130 — Jardinière en bois sculpté et doré.

131 — **Boucher** (École de). Vertumne et Pomone.

132 — **Boucher** (École de). Baigneuse.

> Deux dessus de portes dans des bordures anciennes en bois sculpté.

133 — **École moderne.** Portrait de Femme en buste. Forme ovale.

134 — **École française.** Jeune Femme en buste. Pastel ovale. Époque Louis XVI.

135 — **École française.** La Mort d'Adonis.